Weiches Fell mit klugem Köpfchen

Ein Lyrikband über Katzen von Andrea Rohn

© 2021, Andrea Rohn
Herstellung und Verlag:
BoD – Books on Demand, Norderstedt
ISBN: 9783755716174

Fotos: Michaela u. Andrea Rohn

Inhaltsverzeichnis

* zu Seite 27 „Weihnachtswunderland": Kommentar einer Katze

In Erinnerung an

Kira, eine rote Tigerin mit einer alten Seele

und

Luna, eine unberechenbare Pantherin, die viel Liebe zähmte

„Die besten und treuesten Freund haben vier Beine, um ihr großes Herz tragen zu können."
Verfasser unbekannt

Wie Kitten die Welt erkunden

Mäuse-Sorten

Eine Maus, lehrt Mama Katze,
ist ein Tier aus Fell und Fleisch.
Hältst du sie mal in der Tatze,
merkst du, sie ist warm und weich.

Eine Maus musst du dir jagen,
klug die Katzenmutter spricht.
Du darfst nur nach Haus' sie tragen,
wenn du selbst sie erwischt.

Eine Maus ist für uns Beute,
dient zum Fressen und zum Spiel.
Katz' frisst sie mit Pelz und Häute,
macht sie satt und hält agil.

Eine Maus, so musst' ich lernen,
gibt's aus Plastik auch im Haus;
heißt im Büro, dem modernen,
Computer- oder Digi-Maus.

Diese Maus ist nicht zum Fressen
oder Spielen gar gedacht!
Dieses hatt' ich glatt vergessen,
biss hinein ganz unbedacht.

Diese Maus ist hart und rutschig.
Meine Zähnchen tun mir weh!
Und sie ist auch ziemlich flutschig,
wenn ich sie mir recht anseh'.

Diese Maus hat zwar kein Köpfchen,
dafür einen langen Schwanz
und zwei flache Klick-Klack-Knöpfchen,
erstrahlt in schwarzem Glanz.

Diese Maus hält ihren Ball
unter ihrem Bauch versteckt.
Es gibt sie in jedem Fall
auch mit einem Lichteffekt.

Welche Maus mir lieber ist,
fragst du mich voller Verdruss.
Die, die man als Katze frisst
oder mit PC-Anschluss?

Keine, wenn ich ehrlich bin,
denn es gibt noch eine Dritte.
Danach steht der Kätzchen Sinn:
Meine Spielmaus, bitte!

Das wilde Pack

Im Garten hinterm Hause,
da tobt ein wildes Pack;
macht selten mal `ne Pause,
springt hin und her: zack-zack!

Es schleicht ein schwarzer Panther
durchs Dickicht nah am Zaun.
Er ärgert gar den Ganter,
der niemals abgehau'n.

Dort springt ein roter Tiger
nach allem was so fliegt.
Schon hat der kleine Krieger
die Hummel fast besiegt.

Am Teich da sitzt die Bunte
und lauert auf den Hecht;
ihr Schwanz wie eine Lunte,
die startklar zum Gefecht.

Jetzt plumpst auch die Weiß-schwarze
herab vom Tannenbaum,
die Krallen voll vom Harze
und in dem Mäulchen Flaum.

Dann gibt's ja noch den Grauen,
der nebelgleich zerfließt.
Er liebt es zuzuschauen,
schnurrt leise und – genießt.

Im Garten hinterm Hause,
da tobt ein wildes Pack;
macht selten mal `ne Pause,
treibt manchen Schabernack.

Das Zeug im Korb

Ich hab' mir diesen Korb gekrallt,
der voll mit roten Kugeln.
Ist Weihnachten schon so bald?
Das muss ich gleich mal googeln.

Doch, wie sich dann herausgestellt,
lag ich da voll daneben.
Äpfel, nennt sie die Menschenwelt,
will ich dir gerne geben.

Was soll denn auch ein Katzenkind
mit so viel Obst anfangen?
Glaub ja nicht ich war völlig blind,
als ich musst danach langen.

Ich dachte doch das runde Zeug
wär' für mich was zum spielen.
Nachdem ich's mir recht beäugt,
weiß nicht warum sie mir gefielen.

Jetzt frag' ich dich, du nette Frau:
Willst du nicht mit mir tauschen?
Für Mäuschen sag ich gern Miau.
Lass uns darüber plauschen.

So wären dann zufrieden wir,
mit diesen leck'ren Gaben.
Der Mensch und auch das Katzentier
könnten beide sich nun laben.

Der Falter und das Kätzchen

Es fliegt ein gelber Schmetterling
und macht gar manche Mätzchen.
Was ist das für ein Flatterding?,
fragt sich das rote Kätzchen.

Bald landet er auf einer Blüte
und saugt den süßen Nektar ein.
Ist er es wert, dass ich mich mühte?,
denkt nach das winz'ge Katerlein.

Da schwebt der Falter auf es zu
und gaukelt frech ihm vor der Nase.
Samtpfötchen lässt das keine Ruh,
gerät gar in Ekstase.

Schon ruft ihm zu das Luftgeschöpf:
„Fang mich doch, wenn du kannst!"
„Warte nur, bis ich dich köpf
und verschlinge deinen Wanst!"

„Du kriegst mich niemals, Katzentier!",
fordert raus ihn der Grazile.
Das Katerchen hat ihn im Visier
für mehr als Übungsspiele.

Als ihm nicht antwortet das Kätzchen,
wagt näher sich der Falter ran.
Blitzschnell schlägt zu das kleine Tätzchen.
Schad', dass es ihn nicht treffen kann!

Erschrocken ob der Reaktion
gerät der Schmetterling ins Taumeln.
Samtpfötchen gönnt ihm die Lektion,
sieht ihn schon an der Kralle baumeln.

Katzenwäsche

Das Putzen ist für Katzen wichtig,
damit auch jedes Haar liegt richtig,
kein Stäubchen auf den Pelz sich legt
im Fell kein Ungeziefer regt.

So lernt auch schon das Kätzelein,
wenn es noch süß und winzig klein,
wie man mit Zunge und den Zähnen
den Pelz kann putzen und auch strähnen.

Das ist zunächst gar nicht so leicht,
weil Katz' manch' Stelle schwer erreicht.
Viel Üben ist hier angesagt,
dass sie sich nicht zu lange plagt.

Zu Anfang fällt man oftmals um,
putzt man sich grade hintenrum.
Was scheinbar lustig anzusehen,
kann Kätzchen leider nicht verstehen.

Da müht Katz' ab sich bei der Pflege,
doch wenn sie sich zu sehr bewege,
schlägt sie fast einen Purzelbaum
und gleich lacht jeder Mensch im Raum.

Ach, Mensch, denkt sich die winz'ge Katze
und striegelt sich mit ihrer Tatze,
als du warst ein Kindelein,
gelang dir's Waschen tapsig fein?

Fang das Licht!

Lichtstreifen malt die Sonne
auf die Dielen heut' im Raum.
Kätzchen rennt herbei vor Wonne.
Kann sein Glück erfassen kaum.

Schnell springt es mit beiden Pfoten
auf den hellen Lichterfleck,
will ihn fangen auf dem Boden,
doch ganz plötzlich ist er weg.

Ganz verwundert schaut die Katze
auf den Boden vor sich hin,
hält gar nichts in ihrer Tatze:
Macht so Jagen einen Sinn?

Voller Staunen fragt sie noch
wo der Lichtfleck sich nun findet,
huschte in kein Mauseloch.
Um die Beine er sich windet.

„Huch", denkt sich das Katzenkind,
„fällt mich meine Beute an?"
Drum schüttelt es die Bein' geschwind,
damit sie es nicht beißen kann.

Leider klebt dies' blöde Tier
scheinbar fest an seinem Fell.
Handelt sich's um 'nen Vampir?
Muss es fort und zwar ganz schnell!

Kaum hat es den tiefen Schatten
in der Diele dann erreicht,
sind sie weg, die „Vampir-Ratten".
Seht nur, wohin Kätzchen schleicht!

Neugier treibt zurück die Kleine
in das Zimmer zu dem Licht.
„Warte nur, du wirst gleich meine
Beut', wenn ich dich erwischt!"

Tief geduckt pirscht sich die Miez
nochmals an den Lichtfleck ran.
Eh' sie springen will geschieht's:
Klecks zeigt, dass er wandern kann.

Als der Stand der Sonne wechselt,
Licht und Schatten sich verändern.
Die Strahlen haben neu gekleckselt,
indem sie nun die Dielen bändern.

Katz' versteht die Welt nicht mehr
und gibt auf das Beutespiel,
läuft keinem Fleck mehr hinterher,
sucht sich jetzt ein neues Ziel.

Weihnachten aus Katzensicht

Nikolaus-Socken

Frauchen hat Socken aufgehängt.
Ob der Nikolaus auch an Trixi denkt?
Vor dem Fenster an der Leine
baumeln große und auch kleine.

Für jeden hier in diesem Haus
musste je ein Strumpf hinaus;
damit der Heilige Mann nicht vergisst,
wer hier alles Zuhaus ist.

Seit die Socken aufgehangen,
sieht das Kätzchen öfters rein.
Sag, was soll man sonst anfangen
mit der Zeit, wenn man noch klein?

Nach gar vielen Fehlversuchen
ist es endlich dann soweit:
Trixi kann Erfolg verbuchen,
riecht schon eine Köstlichkeit.

Alle Strümpfe sind so schwer,
kaum hält sie die Klammer mehr.
Ein gezielter Pfotenhieb
macht das Kätzchen jetzt zum Dieb.

Der liebe, gute Nikolaus
schenkt der Trixi eine Maus,
denn es weiß der Heil'ge Mann
wie er sie erfreuen kann.

Stolz trägt jetzt die rote Katze
ihre Beute in die Stuben,
frisst sie dort mit viel Geschmatze
zu den Füßen von dem Buben.

Jetzt beginnt das große Rennen
um die Gaben in den Socken.
Bubi, der beginnt zu flennen
und bleibt glatt im Zimmer hocken.

Bald schon kommen alle wieder,
auf den Lippen Weihnachtslieder,
in den Händen einen Socken,
der zum Glück geblieben trocken.

Mama hat für ihren Kleinen,
der nun aufgehört zu weinen,
dessen Strumpf gleich mitgebracht.
Da hat Bubi froh gelacht.

Als der Kater den Nikolaus überführte

Menschen machen viele Sachen,
die wir Katzen nicht verstehn.
Manche finden wir zum Lachen,
and're gern wir übersehn.

Eines Abends im Dezember
standen Schuhe vor der Tür.
Wenn ich mich so recht remember,
sagte jemand auch, wofür.

In dieser dunklen Winternacht
käme halt ein dicker Mann,
stets die Schuhe voll er gemacht.
„Mit was denn?", fragte ich mich dann.

Er wird doch wohl nicht seinen Duft
in die Fußbekleidung setzen?
Wär' er gar so ausgebufft
und würde sie benetzen?

Immer, wenn ich das getan,
wurde ich rausgeschmissen.
„Katze", hieß es dann profan,
„das solltest du doch wissen!"

Nein, sein Pipi spritzt man nicht
auf Dosenöffners Sachen!
Und jetzt durft' ein fremder Wicht
das Verbot'ne machen?

Ich mache da gar nicht mit,
ich wird' den Kerl mir krallen.
Das wird ja ein Riesenhit,
damit helf' ich allen.

Niemand darf in mein Revier
seinen Duft hin setzen;
auch nicht dieses Niko-Tier,
sonst werd' ich es zerfetzen!

Als es dann hieß: schlafen gehen,
legt' ich mich auf die Lauer.
Katz' kann auch im Dunklen sehen.
Ich bin ein ganz Schlauer!

Lange Zeit ist nix passiert
in diesem stillen Haus.
Ich war schon beinah deprimiert,
da kam der Nikolaus.

Nein, es war nicht der dicke Mann,
von dem die Leut' gesprochen.
Er schlich sich erst gar nicht an,
kam aus dem Bett gekrochen.

Das Wesen steckt' in jeden Schuh
was Süßes und auch Nüsse.
Ich sah ihm dabei heimlich zu
und zog draus meine Schlüsse.

Der Nikolaus ist eine Frau,
die mir schon lange ist bekannt.
Das weiß ich seit heut' genau,
denn sie trägt Frauchens Nachtgewand.

Kein Teilen und keine Schnee-wanderung *

Es gibt da so ein Weihnachtslied,
das regt mich immer schrecklich auf,
weil Katze es nicht gerne sieht,
legt man sich auf ihr Plätzchen drauf.

Nein, ich mag kein kaltes Reh
am Kamin auf meinem Kissen.
Wer kam auf DIE blöde Idee?
Das möchte ich mal wissen.

Ein solcher warmer Platz
ist für Rehe viel zu klein.
Er reicht nur für eine Katz';
zwei dürften es auch sein.

Schließlich kommt im Lied der Hammer,
als es heißt, wir liefen zu viert
durch den Wald. Oh, welch ein Jammer!
Der Dichter mich sehr irritiert.

Wieso sollte ich verlassen
meinen warmen Platz am Feuer?
Wir Katzen doch die Kälte hassen.
Schnee lockt mich nicht aus dem Gemäuer!

Der Nikolaus-Stiefel

Ich war noch ein süßes Kätzelein,
da fand ich einen roten Stiefel.
Was mochte dort wohl drinnen sein?
Hoffentlich nicht nur Gemiefel!

Der Fellrand reizte schon zum Spielen,
doch sein Inhalt lockt' mich sehr.
Ich hofft' auf Bälle, die mir gefielen
und Spielmäuse noch viel mehr.

Doch alles, was ich drin gefunden,
war'n Kugeln, die man Nüsse nennt.
Ich sag' es hier jetzt unumwunden:
Der Nikolaus hat wohl verpennt!

Wie konnt' der Alte mir das bringen,
was angedacht fürs Eichhörnchen?
Jetzt spielt' es wohl mit all den Dingen,
die ich gewünscht als mein' Top ten.

Ich rannt' hinaus, um auszutauschen
der Stiefel Inhalt, der verkehrt.
Auch Hörnchen war gar nicht zum Plauschen,
hat lautstark sich beschwert.

Es brachte mir vom Baum herunter
zwei Spielzeugmäuse und 'nen Ball.
„Mit jedem Jahr, da wird es bunter.
Hat Nikolas denn einen Knall?"

Als ich gehört, was es gesprochen,
und was es weiter noch erzählt',
hab ich den Braten schon gerochen:
Der Alte hat sich wohl verzählt!

Denn letztes Jahr bekam das Tier
den Kratzbaum von des Nachbars Katz'.
Er kam doch glatt mit 'nem Kurier,
der ihn gestellt an diesen Platz.

Die Miez erhielt dafür den Kasten,
in den des Hörnchens Futter kam.
Ob uns're Wünsch' den überlasten,
der die Wunschzettel übernahm?

Der Niklaus soll in Rente gehen,
da waren wir uns „einisch".
So oft gibt es ja kein Versehn.
Das war und ist nur peinlich.

Wir schickten einen Detektiv,
am Nordpol zu erkunden,
was dort läuft schon seit Jahren schief.
Er hat es rausgefunden!

Der Nikolaus, der ist verliebt
in eine schöne Frau,
wie es wohl keine zweite gibt,
drum macht er öfters blau.

Sein Stellvertreter ist sehr faul,
verschläft gar manche Fahrten.
Zudem ist er ein Lügenmaul,
lässt selbst die Kinder warten.

Wir schrieben deshalb einen Brief
ans Christkind in den Himmel,
damit es zur Raison ihn rief
und heilt ihn von dem Fimmel.

Die Antwort folgte schon recht bald
von oberster Behördenstell'.
„Nikolaus heiratet im Wald
heut' seine Nikola ganz schnell.

Ab Morgen wird der Heil'ge Mann
sein Amt wieder selbst antreten.
Wir hoffen, dass Geschenke dann
da landen, wo sie erbeten."

Wir werden sehn, ob nächstes Jahr
Geschenke wieder falsch ankommen.
Doch denk' ich, dass diese Gefahr
ist wohl durch Nikola genommen.

Naschkatzen

Oh, welch verlockender Duft
liegt heut in der Zimmerluft!
Vanille, Zimt und Marzipan
zieht sogar das Kätzchen an.

Wo selbst Kindernasen zucken,
soll da nicht des Tierchens jucken?
Schnell springt es auf weichen Pfoten
auf den Tisch, der streng verboten.

Nach ihm finden sich dort ein
zwei der Kinder, die noch klein.
Staunend glänzen Kinderaugen,
während Näschen Düfte saugen.

Ist das Christkind hier am Backen?
fragen sich die kleinen Racken.
Was vor ihnen ausgebreitet
ist, woraus man Teig bereitet.

Ob wir ein Stück von dem Lebkuchen,
der gebacken ist, versuchen?
Schnell noch einmal umgesehen.
Christkind wird wohl nirgends stehen.

Schon strecken sich kleine Hände
zu dem Backwerk ganz behände.
Und die Pfote von dem Kätzchen
sinnt auf unerlaubte Mätzchen.

Auch die Zungen von den Dreien
beim Umrunden der Münder seien,
in Vorfreude auf die Gaben,
an denen sie sich gleich erlaben.

Oh, ihr naschsüchtigen Rangen!
Katz' und Kinder gleich wegsprangen,
als die Mutter trat ins Zimmer.
Gibt es etwas, das noch schlimmer?

Mehl an Händen und an Füßen
hatten Angst sie vor dem Büßen.
Weiß waren auch der Pfoten drei,
von der vierten tropft' noch Ei.

Als der Vater trat ein ins Haus,
sah es für ihn sehr seltsam aus.
Von der Küche durch den Flur
führte eine weiße Spur.

Hat's hier drinnen gar geschneit?
Schließlich ist bald Weihnachtszeit.
Das sind Spuren von den Tatzen
unsrer drei kleinen Naschkatzen.

Weihnachtswunderland

Ich war in einem Wunderland,
wo alle Träume wurden wahr.
Selbst volle Schalen bis zum Rand
war'n, kaum gewünscht, schon da.

Mein Spielzeug, was ich lang' ersehnt,
lag flugs vor meinen Pfoten.
Der Wunsch war ja sehr ausgedehnt
und wurd' mir stets verboten.

Doch dort und damals gab's das all',
was das Katzenherz begehrte.
So wollte ich in jedem Fall
haben, was man mir verwehrte.

Ein riesengroßer Katzkratzbaum
stand vorn auf meiner Liste.
Er füllte aus des Menschen Raum,
enthielt auch meine Kiste.

Dann bin ich leider aufgewacht
aus meinem süßen Traume.
Es war just in der Heil'gen Nacht,
da stand er unter'm Baume.

Katzenweihnacht

„Mäuse sollst du keine fangen",
sagt mein „Dosenöffner" mir.
Doch was mach' ich vor Verlangen,
bin ich doch ein Katzentier!

„Willst du gerne Beute machen?",
fragt er und wirft einen Ball.
Nein, das find' ich nicht zum Lachen!
Hat der Mensch denn einen Knall?

„Oder nimm die Spielzeugmaus",
folgt gar seufzend der Vorschlag.
Lass mich endlich doch hinaus,
wenn ich dich ganz schmusig frag'.

„Nein, du bleibst jetzt in der Wohnung!",
fordert streng mein Personal.
Gut, dann gibt es keine Schonung
für das Ding, was schon ganz kahl.

„Siehst du, Katze, das macht Spaß",
meint der Kerl, weil ich nun spiel'.
Nur weil ich die Haare fraß,
glaubt er sich bereits am Ziel.

„Bald wird auch das Christkind kommen, …",
faselt er mir jetzt was vor.
Hab's in meine Pfot' genommen,
saß selbst vor dem Monitor.

„… wenn du lieb und artig bist",
fügt der Mensch noch hintendran.
Was bist du für ein Optimist!
Katze muss da selber ran!

„Dann fliegt das alte Spielzeug raus",
sagt der dümmste Mensch der Welt.
Ich hab' mit der Digi-Maus
mir viel Spielzeug flugs bestellt.

„Oh, was wird die Miez' sich freuen",
schwärmte er und ging zu Bett.
Und du wirst ganz schnell bereuen,
dass du hast ein Internet.

„Sieh, da ist schon dein Paket",
wundert er sich morgens dann.
Wie fix es per Web heut' geht,
wenn die Katze surfen kann.

„Hab' ich all' das ausgesucht?",
fragt sich mein Mensch wahrscheinlich.
Komm, du bist doch gut betucht.
Nein, mir ist's nicht peinlich.

„Bunte Mäuse und zwei Bälle?",
fragt der „Dosenöffner" sich.
Diese kleine Bagatelle,
findest du verwunderlich?

Warte nur, mein Menschendiener,
wo ich alles rumgesurft.
Ja, ich bin schon ein Schlawiner,
der im Internet rumkurvt.

Bis zum ersten Weihnachtsfeste
sind es noch zwölf Tage hin.
Am Ende kommt dann stets das Beste,
geht mir durch den Katzensinn.

Schließlich sind vor der Bescherung
zwölf Pakete dann im Haus;
sorgte ich für die Vermehrung
meiner alten Spielzeugmaus.

Endlich hat mein Mensch begriffen,
dass ich gerne draußen tobe.
Auf das Wetter wird gepfiffen,
hab' Allwettergarderobe!

Vergebliche Wacht

Im off'nen Fenster steht Mischu,
hält Ausschau nach dem Christuskind.
Keiner weiß so gut wie ich und du,
wie neugierig kleine Katzen sind.

Mit staunend aufgeriss'nen Augen
und hochgestelltem Schweif
kann sie es gar nicht glauben,
welch Zauberlandschaft schuf der Reif.

Auf der Scheibe hat der Frost
Blumengrüße hinterlassen;
brachte einen Wind von Ost.
Oh, wie Katzen Kälte hassen!

Trotzdem steht die Vorderpfote
im eis'gen Schnee der Fensterbank.
Möchte Mischu doch sein der Bote,
dem gilt der Verkündungs-Dank.

Leider hat das tapf're Spähen
in das Dunkel nichts gebracht.
Wenn es Katzenaugen sähen,
wo blieb denn des Christkinds Macht?

So werden auch in diesem Jahre
die Geschenke ungesehen,
trotz wachsamer Augenpaare,
unterm Weihnachtsbaume stehen.

Kittens erstes Weihnachtsfest

Drei Kätzchen, die sind noch recht klein
beim Fest der ersten Weihnacht.
Doch wollen gern dabei sie sein,
wenn alles hübsch gemacht.

Ganz aufgeregt sehn sie entgegen
der Zeit voll Wunder und voll Licht.
Sie wagen kaum sich hinzulegen
und schlafen können sie auch nicht.

Seit unendlich vielen Tagen
wuseln Menschen hin und her;
viele Dinge, die sie tragen,
manche leicht und and're schwer.

Oh, was gibt's für tolle Sachen
für ein Katzenkind zu sehn.
Was die Menschen damit machen,
können Kitten nicht verstehn.

Manches glitzert oder funkelt,
and'res riecht verführerisch
und wenn draußen es dann dunkelt,
leuchtet es noch zusätzlich.

Doch die allergrößte Freude
ist der schmucke Tannenbaum.
Er steht mitten im Gebäude
in dem größten, hellsten Raum.

Gelbe Kerzen an den Zweigen,
bunte Kugeln glänzen auch
und vor Staunen alle schweigen,
wie's an Weihnachten ist Brauch.

Einzig uns're kleinen Rangen
rufen aus ganz laut „miau",
stürzen sich voller Verlangen
auf die Pracht mit viel Radau.

Kugeln rollen durch das Zimmer,
hinter den ein Kätzchen her.
Wer da glaubt, es geht nicht schlimmer,
der kennt nicht den *Luzifer*.

Wenn auch weiß der kleine Kater,
macht er seinem Namen Ehr'.
Er kommt ganz nach seinem Vater:
Alles jagt er kreuz und quer.

Ob es sich um Deko handelt,
Katzen- oder Menschenkinder,
alles wird in Beut' verwandelt.
Luzifer ist ein Erfinder!

Auch das dritte winz'ge Kätzchen
find't 'nen schönen Zeitvertreib,
macht mit Bändern seine Mätzchen,
läuft gegen die Fensterscheib'.

Ist erst lustig das Getobe,
nimmt es langsam Formen an,
die der Haut und auch der Robe
aller Kinder schaden kann.

„Schluss jetzt, mit dem wilden Tollen!",
ruft der Vater plötzlich aus.
Was die Kitten nicht wollen,
ist, dass er sie bringt hinaus.

Mauzend sitzen dann die Kleinen
vor geschloss'ner Zimmertür.
Können sie noch so viel weinen:
Straf' ist da, dass man sie spür'!

Lange währet nicht ihr Klagen,
denn die Kleinen haben Glück.
Mutter hat sie weggetragen,
bringt ins Körbchen sie zurück.

Ja, das erste Weihnachtsfeste
war für alle turbulent.
Gut nur, dass nicht alle Gäste
wie die Kitten ren(n)itent.

Der Christkind-Dieb

Sie war sieben Monat' alt,
im Advent vor vielen Jahren,
da beging sie doch eiskalt
eine Tat, die abgefahren!

Jedes Jahr Ende November
bauen Menschen Krippen auf.
Für sie heißt es „to remember"
eines Kindes Lebenslauf.

Erst wird aufgestellt der Stall.
Hinzu kommen die Figuren,
rundherum die Schafe all,
die nur Hund und Hirten spuren.

Oben auf's Gebäudedach
wird ein Engel draufgestellt.
Meist ist sein Platz eben und flach,
damit er nicht herunterfällt.

In den Stall, der meist ist offen,
kommt zuerst das Heil'ge Paar.
Ochs und Esel – woll'n wir hoffen –
waren schon vor ihnen da.

Hierauf folget dann die Krippe,
die normal das Heu enthält.
Sie steht fest, dass sie nicht kippe,
wackelt oder nicht gar fällt.

Zuletzt kommt in das weiche Bett
das Jesuskind als Baby rein.
So ist die Szene dann komplett.
Mehr kann, muss aber nicht sein.

Dieses Idyll zu zerstören
machte sich einst jemand auf.
Sie selbst war kaum zu hören,
schlich sich an und sprang hinauf.

Auf weichen, leisen Sohlen
schlich sie an die Krippe ran.
Was gab es dort zu holen?
Wo kam sie ganz leicht heran?

Nein, ihr knurrte nicht der Magen,
als sie die vielen Schaf' erblickt,
hatte vor, was wegzutragen,
machte das auch sehr geschickt.

Doch, als sie das Kind gesehen,
das dort in der Raufe lag,
konnte sie nicht widerstehen,
an dem kalten Wintertag.

Sie fand, dass nur eine Windel
viel zu wenig für das Kind.
Was war das für ein Gesindel,
das es nicht schützt' vor eis'gem Wind?

Zwischen ihren spitzen Zähnen
trug sie sanft das nackte Wesen,
tat sich völlig sicher wähnen,
fühlte sich gar auserlesen.

„Was machst du da, du kleiner Dieb?",
fragte eines Menschen Stimm'.
„Gleich setzt es den ersten Hieb,
denn was du tust ist schlimm!"

„Das Kindlein ist kein Mausetier
und somit keine Beut'.
Komm, zurück und gib es mir,
eh dich dein Diebstahl reut!"

Was Katzen erleben

Lunas erster Schnee

Leicht wie Federn fallen Flocken
aus Frau Holles weißen Kissen;
nicht nur Kinder sie verlocken,
auch manch andrer will es wissen.

Katze Luna sitzt am Fenster
mit staunend großen Augen,
will erhaschen die „Gespenster".
Ob sie wohl zum Fressen taugen?

Leider hindert sie die Scheibe
am Erreichen ihres Zieles.
Aufgeregt bebt sie am Leibe
in Erwartung dieses Spieles.

Schnell rennt sie zu ihrem Streichler,
dem sie um die Beine schmust.
Oh ja, Luna wird zum Schmeichler,
wenn du ihren Willen tust.

Endlich hat ihr Futterspender
Mitleid mit dem Katzentier.
Luna springt übers Geländer
vom Balkon in ihr Revier.

Kalt und nass klebt an den Pfoten,
was von drinnen sie gelockt.
„Dieses Zeug gehört verboten!",
denkt die Katze tief geschockt.

Doch die leichten Schwebe-Dinger
reizen Luna sie zu haschen.
Kätzchen ist ein guter Springer,
schnappt sie, um sie zu vernaschen.

Leider sind die Schneekristalle
viel zu rasch im Maul getaut.
Kalt sind sie in jedem Falle,
haben nicht mal eine Haut.

Nein, das ist nichts für die Katze,
die sich Spaß und Beut' erhofft,
zieht beleidigt eine Fratze.
Ihr passiert so was nicht oft!

Eisig sind schon ihre Tatzen
und das schwarze Fell ganz weiß.
musste auch ihr Traum zerplatzen,
lohnte sich's für den Beweis.

Luna schnell den Pelz jetzt schüttelt
und die Pfoten hinterdrein.
Nein, daran wird nicht gerüttelt:
Schnee ist nichts für's Kätzelein!

Eilig macht die Luna sich
auf den Weg ins warme Haus,
fordert dort ganz eindringlich:
Will jetzt rein und nicht mehr raus!

Bald sitzt Luna still am Fenster,
schnurrt mit geschloss'nen Augen,
schert sich nicht um die „Gespenster",
die nicht zum Fressen taugen.

Das sanfte Wesen

Leis' schleicht ein kleines Wesen
so leicht und sacht dahin.
Du wirst es schon noch lesen
wer oder was ich bin!

Zart schmiegt der kleine Kobold
sich heimlich an dich `ran.
Du bist bestimmt kein Unhold,
weil ich dich lieben kann!

Frech schlägt es mit der Pfote
nach Wolle, die da rollt.
Du kennst mich als ein Bote,
der Pech dir bringen sollt'!

Sanft leckt es mit der Zunge
ganz brav die Schüssel aus.
Du mochtest schon als Junge,
dass ich dir bring' die Maus!

Sacht streichelt eine Tatze
mich, wenn ich traurig bin.
Du siehst in mir die Katze,
als deinen Lebenssinn!

Leidenschaften

Tom ist ein gewicht'ger Kater.
Die Waage zeigt der Kilo acht.
Das hat er von seinem Vater,
der hat es ihm einst vorgemacht.

Das kommt vom Sahnetortennaschen,
bei vielen Gästen im Café.
Danach kann er sich kaum noch waschen,
die vielen Pfunde tun ihm weh.

Bei Katzen, meint sein Frauchen oft,
und hebt ihr drittes Weinglas an,
zeigt die Natur ganz unverhofft,
wie dicker Pelz gut kleiden kann.

Dann geht sie zu der Schreibmaschine,
nimmt's Tintenfass in eine Hand.
Tom sieht an der verträumten Miene,
jetzt entschwindet ihr Verstand.

Sie faselt was von vielen Wenden,
die ihr gebracht ihr Arbeitsfleiß.
Auch jetzt muss eine Phase enden,
stehn sie denn nicht am Wendekreis?

Ihr Blick fällt auf den alten Kompass,
den einst ihr Vater ihr verehrt.
Auf ihn war immer schon verlass,
nie zeigt' die Nadel mal verkehrt.

Ab heut ist Schluss mit allem Schlemmen,
auch mit dem Trinken hör ich auf!
Wo Fett lässt die Gelenke klemmen,
hemmt Alkohol der Gedanken Lauf.

Worte für dieses Unsinn-Gedicht: Waage, Weinglas,
Schreibmaschine, Tintenfass, Wendekreis, Kompass,
Pfund

Katzenbilderbuch

Ich hab' gar lange überlegt,
sah die Katz' auf's Buch ich starren,
wie Lesenlern'n bei Katzen geht.
Oder will sie mich nur narren?

Fängt mit Bildbänden man an,
die Mäuse und auch Vögel zeigen?
Doch, wie komm' ich an Bücher ran,
deren Autoren dazu neigen?

Auch Bäume darf es abbilden,
weil die für Krallen richtig sind.
Das Gras in den Naturgefilden
ist wichtig für das Katzenkind.

Hinzu kämen viele Pflanzen,
ob giftig oder auch gesund.
Manche dienen zum Verschanzen,
andere sind herrlich bunt.

Was garantiert nicht fehlen darf
sind die gefährlichen Tiere,
mit Krallen oder Zähnen scharf,
auch stachlig ich anvisiere.

Dann müsste man auch die Verbote
im Hause ganz genau beschreiben,
vielleicht mit Finger, der ihr drohte,
lässt sie so manches gar nicht bleiben.

Hier geht es um das Möbel-Kratzen,
Tapeten von den Wänden fetzen,
vom Menschen-Essen weg die Tatzen
und alles mit Urin benetzen.

Es folgen Bilder mit den Dingen,
wo Katze dies erled'gen kann:
das Schüsselchen zum Futterschlingen,
das Klo für das, was raus kommt dann.

Mit Kratzbaum, Kratzbrett oder –matte
wird sie auch vertraut gemacht,
woran man Pflege ihr gestatte
und wo dies alles angebracht.

Was im Haus für Dinge „leben",
die unheimlich für die Katz',
weil sie lärmen oder beben,
braucht im Buch genügend Platz.

Ich bin sicher, das noch Dinge,
an die ich jetzt nicht gedacht,
einer Katze nicht geringe
Angst oder auch Freude macht.

Das große „Nö"

Neulich bat mich Katze Luna:
„Füll' mir meinen Napf mal auf!
Ich hab' Hunger wie ein Puma. –
Kommst von selbst wohl gar nicht drauf!"

Also schlurft' ich in die Küche,
um ihr Futter schnell zu holen.
Manches Fleisch hat Wohlgerüche,
and'res stinkt nach alten Sohlen.

In das leere Schälchen gab ich
nur ein wenig von dem Futter.
Damals gab es puren Thunfisch,
zwar gekocht, doch ohne Butter.

Kaum da stand das teure Fressen
vor der Nase von dem Weib,
sagte sie: „Kannst's selber essen!
Kommt mir nicht in meinen Leib!"

„Nö", sagt' sie auch zu der Pute,
die ich ihr dann angeboten.
Dass ich ihr das „Zeug" zumute,
schüttelt' sie erbost die Pfoten.

Auch das Hühnchen in viel Soße
war so gar nicht ihr Geschmack.
„Nö, heute nichts aus der Dose!",
sagt' mir glatt das Katzenpack.

„Dann", rief ich ganz resigniert
und sah meine Katze an,
„wird jetzt gar nichts dir serviert!
Fang 'ne Maus dir, du Tyrann!"

„Nö", entgegnet' sie verschnupft
und reckte stolz die Nase.
Dann hat sie ihr Fell gezupft.
„Sag mal, hast du vielleicht Hase?"

„Jetzt schlägt's dreizehn, Katzentier!",
wurde ich nun ungehalten.
„Fang 'ne Maus, das rat' ich dir!
Darfst sie auch für dich behalten."

„Nö, nach Jagen ist mir nicht,
regnet es doch ständig.
Was hältst du vom Fischgericht?
Das ist nicht mehr lebendig."

Ich blickte sie laut seufzend an,
vor mir drei off'ne Dosen.
Dass sie sich nie entscheiden kann,
wollt' sauer mir aufstoßen.

Doch eh' ich schmiss sie aus dem Haus,
strich sanft mir um die Beine
die weiche, kleine „Schmuse-Maus".
Sie ist und bleibt die Meine!

Wie man einer Katze das Schnurren beibringt

Schnurren kann doch jede Katze,
hab' ich lange Zeit geglaubt.
Nur von meinem Luna-Schatze
wurde dieses wohl geraubt.

War sie wirklich außerstande
diese Töne zu erzeugen?
Hör ich's nicht, dacht' ich am Rande,
müsst' mich tiefer zu ihr beugen.

Doch auch das bracht' keinen Nutzen,
denn ich hörte einfach nix.
Sollt' ich mir die Ohren putzen?
Nun, das machte ich ganz fix.

Trotzdem blieben aus die Laute,
welche Menschen so verzücken.
Da sie ja auch kaum miaute,
sollte schnurren ihr nicht glücken?

Schon wollt' ich die Flinte werfen,
als mir kam eine Idee:
Könnte ich sie damit nerven
und übernehmen ihr Metier?

Wenn sie nun zum Schmusen kam,
und sie eigentlich sollt' schnurren,
ich ihren Lautpart übernahm,
mit „mhm, mhm" und ohne Murren.

Bald schon drang an meine Ohren,
ein ganz leiser erster Ton.
War ihr Schnurren nur gefroren
und es taute langsam schon?

Auch noch heut' darf ich mein Können
hin und wieder mal beweisen.
Will Luna mir das Schnurren gönnen
oder wird's wieder vereisen?

Katzenspielzeug

Es lebte mal ein Kätzelein,
das liebte es zu spielen
mit Bällen, die gar klitzeklein
und wahrhaft ihm gefielen.

Sie waren aus Papier geformt,
das eigentlich zum Packen,
drum waren sie auch nicht genormt
und hatten manche Macken.

Es gibt der Dinge ja so viele,
die Mensch' sich für die Katz' erdacht.
Doch Kätzchen wählt für seine Ziele,
was es einfach glücklich macht.

Das Kügelchen aus Packpapier
lässt mit der Pfot' sich greifen.
Es verschafft ihr viel Pläsier,
durch alle Räum' zu streifen.

Sie kickt das Bällchen vor sich her,
nimmt dafür beide Pfoten.
Auch Würfe fallen ihr nicht schwer,
liefern Stoff für Anekdoten.

Sie spielt auch gern im Treppenhaus,
lässt ihre Bälle hüpfen
von Stuf' zu Stuf' und drüber raus,
so dass sie ihr entschlüpfen.

Dann fängt sie sie auch wieder ein,
die tollen Papier-Dinger
und findet sie gar superfein,
die weichen, kleinen Springer.

Das Pföteln macht ihr sehr viel Spaß,
rollt der Ball mal unter'n Schrank,
betreibt es nie im Übermaß,
bleibt trotzdem rank und schlank.

Es lebt auch heut' manch' Kätzelein,
das liebt es Ball zu spielen;
egal ob's groß ist oder klein,
es flitzt über die Dielen.

Missverständliche Zeichen

Wenn Katzen mit dem Schwanz leicht schlagen,
tun ihren Unwillen sie kund.
Hört man ihr Schnurren, sollt' man sagen,
fühl'n sie sich gut in der Sekund'.

Doch Luna ist da anders drauf,
kann beide Zeichen gut vereinen.
Sie schnurrt und wackelt dann gleichauf
mit ihrem Schweif, dem seidig feinen.

Ein JA heißt wackeln mit dem Ohr.
Bei NEIN bewegt die Schwanzspitz' sich.
Kommt beides gleichzeitig mal vor,
meint sie damit: „Ich weiß es nich'."

Starrt sie auf meine Füße drauf,
wenn auf der Couch ich liege,
heißt das: „Jetzt steh doch endlich auf,
weil ich nun Hunger kriege!"

Hab' ich die Füße auf der Erden,
dann muss vorsichtig ich sein,
dass sie nicht ihre Beute werden
und Katz' haut ihre Krallen rein.

Stößt aus sie einen Jammerlaut,
so bin ich sofort auf der Hut.
Gleich ob sie beißt oder mich haut;
ich weiß, wie weh das tut.

Möcht' Luna zur Türe raus,
setzt sie sich davor von innen
und blickt sehnsüchtig hinaus,
als könnt' sie Freiheit gewinnen.

Öffne ich die Tür ihr dann,
versteckt sie sich ganz schnell;
schließe ich sie irgendwann,
ist sie erneut zur Stell'.

Wieder fängt vorne an
sie das Spiel von eben,
bis sie sich entschließen kann
der Sehnsucht nachzugeben.

Lunchen ist ein Unikum
mit eigenen Gesetzen,
dabei ist sie gar nicht dumm,
lässt sich nur nicht hetzen.

Katzen-Sport

Wenn morgens früh der Max erwacht,
er aufsteht nachmittags um vier,
werden Turnübungen gemacht.
Erst dann betritt er sein Revier.

Es wird gedehnt der ganze Leib,
von der Schwanzspitze bis zur Kralle.
Er macht das nicht zum Zeitvertreib
im weichen Heu im Stalle.

Was eine richt'ge Katze ist,
die weiß sich zu bewegen.
Und weil sie gerne Mäuse frisst,
muss flink sie sich auch regen.

Sind allerdings die Muskeln steif,
die Knochen knacken im Gelenk,
dann wird es nichts mit Beutegreif.
Deshalb an Sport stets denk!

Geliebtes Kuscheltier

Oh Du geliebtes Kuscheltier,
ich hab' dich ja so gerne!
Komm rück' jetzt ganz nah zu mir;
lieb mich nicht aus der Ferne!

Du bist so weich und anschmiegsam,
dass ich dich gern berühre.
Dein Fell ist warm und niemals klamm,
wenn ich dich bei mir spüre.

Du drückst mir deinen Wuschelkopf
ganz dicht an meine Nase.
Schon kitzelt mich den Langhaarschopf,
mein süßer kleiner „Hase".

Dein Pfötchen liegt auf meinem Bauch,
dein Schwanz zu meinen Füßen.
Dein Schnurren sagt zu mir dann auch:
„Ich will dich damit grüßen."

Oh du geliebtes Katzentier,
nichts soll uns jemals trennen.
Ich kuschel schon so gern mit dir,
seit wir uns beide kennen.

Die Hauskatze und das Eichkätzchen

Übern Rasen huscht ganz flink
ein rotes, schlankes Eichhorn.
Hoch im Baume schimpft ein Fink,
überhäuft's mit Vogelzorn.

Dann schleicht auch noch eine Katz'
durchs frisch gemähte Gras,
denkt, sie könnt' mit einem Satz
Fressen finden im Übermaß.

Doch das Hörnchen ist ganz schnell
am Stamm hinaufgeklettert;
gewinnt jedes Höhen-Duell,
hat der Katze eins „geschmettert".

Verdutzt, wie rasch der rote Wicht
auf den ersten Ast geklommen,
verzieht die Katze das Gesicht
und schüttelt sich benommen.

Der Fink fliegt vorsorglich hinfort,
will nicht zur Beute werden.
Zwei Feinde gleich am gleichen Ort
sind zwei zuviel auf Erden.

Keins der Kätzchen hat gesehn
wie der Vogel ist entfleucht,
kannten nur ihr Jagdgeschehn,
das einander aufgescheucht.

„Dich schnapp' ich mir, du kleiner Wicht!",
denkt sich die Katze aus dem Haus.
„Dir blase ich dein Lebenslicht
in wenigen Sekunden aus!"

Das Hörnchen lacht und meint ganz frech:
„Das wollen wir mal sehen!
Bei mir da hast du leider Pech.
Das wirst du gleich verstehen."

Die Katze zunächst Anlauf nimmt
und stürmt zu auf den Baum.
Das Hörnchen etwas höher klimmt,
erweitert den Fluchtraum.

Auf halber Stammeshöhe
verlässt die Katz' die Kraft
Oder jucken gar die Flöhe,
dass sie es nicht geschafft?

Kurz krallt sie in die Rinde
die Nägel fest hinein,
doch heut' soll diese Linde
ihr Mount Everest sein.

Frustriert lässt sie sich fallen
und landet weich im Gras.
Von oben hört sie schallen
des Eichhorns Kecker-Spaß.

„Nun gut", sagt sich das Katzentier,
„für heut' bist du entronnen.
Doch morgen, das versprech' ich dir,
werd' ich's sein, die gewonnen."

Befriedigt zieht die Katze ab
und denkt vergnügt an morgen.
Das Hörnchen lacht im Baum sich schlapp
und fühlt sich dort geborgen.

Keins der Kätzchen hat gesehn
wie ihnen der Vogel entfleucht,
kannten nur ihr Jagdgeschehn,
das einander aufgescheucht.

„Dich schnapp' ich mir, du kleiner Wicht!",
denk sich die Katze aus dem Haus.
„Dir blase ich dein Lebenslicht
in wenigen Sekunden aus!"

Als es die Katze nicht mehr sieht,
verlässt das Hörnchen seinen Platz.
Nein, ein Eichhorn niemals flieht,
hat noch Freud' bei jeder Hatz.

Schweigend steht die Linde da,
die bei allem zugesehen.
Wird, was heute Spaß noch war,
morgen schlimm ausgehen?

Menschensorgen um eine Katze

Du gingst, wie abends meist,
noch für ein Weilchen raus.
Ich glaubte, dass du weißt:
„Um zehn muss ich nach Haus."

Doch du kamst nicht um zehn
und auch nicht um halb elf.
Die Zeit hatt' sich gedehnt.
Inzwischen war es zwölf.

Mit Sorgen und mit Bangen
legte ich mich schlafen.
Ich wähnte dich gefangen,
weil Feinde auf dich trafen.

Ich schlief 'ne gute Stunde,
bis mich die Sorge weckt'.
„Trägst du wohl eine Wunde?
Wo hast du dich versteckt?"

Als ich nach draußen blickte,
warst du nicht vor der Tür.
Dass ich nochmals einnickte,
was kann ich wohl dafür?

Noch zweimal in der Nacht
tappt' ängstlich ich umher.
Was hat es mir gebracht?
Die Fußmatte blieb leer.

Mir träumt', dich überfielen
Fuchs, Wolf oder gar Bär.
Was taten sich durchspielen
Gedanken, die prekär.

Nachdem es endlich Morgen,
hielt mich nichts mehr im Bett.
Ich fand dich wohlgeborgen,
gestriegelt und adrett.

Höhenproblem

Nächte draußen zu verbringen,
ist der Katze höchste Freud'.
Sie kann schleichen oder springen,
ohne, dass es sie gereut.

Sitzt am Morgen sie gesittet
auf der Matte vor der Tür,
freut sich, wenn man rein sie bittet,
bedankt schmusend sich dafür.

Jüngst, da ist es vorgekommen,
dass sie morgens nicht dort saß.
Als ich rief, hab' ich vernommen:
Auf dem Dach hockte das Aas.

Runter auf's Garagendach
ist sie vom Balkon gesprungen,
ruft mir zu ihr Weh und Ach,
hat mir dann was *vorgesungen.*

„Ich komme nicht mehr hoch zu dir,
denn der Rand ist viel zu glatt.
Rette mich! Ich habe hier
die Warterei auf dich so satt!"

„Halte aus, mein Katzentier!
Ich gehe jetzt hinunter,
öffne gleich ein Fenster dir.
Dort hinein springst du gleich munter."

Von dem Dach, flugs auf die Mauer,
springt die Katze in den Hof.
Ist sie jetzt ein wenig schlauer?
Nein, sie war noch niemals doof!

Zweifelnd, ob den Sprung sie meistert,
blickt sie fragend mich erst an.
Ich bin es, die sie begeistert,
dass sie es doch wagen kann.

Ja, sie kann mir voll vertrauen,
denkt sie sich und wagt den Satz.
Immer kann sie auf mich bauen,
mein süßer, kleiner Mieze-Schatz!

Schnurrend streicht mir um die Beine
das hocherfreute Kätzelein.
Ich bin ihr und sie die meine.
Was kann denn noch schöner sein?

Der Laubhaufen

Was seh' ich da: ein Raschel-Haufen?
Die Menschen sagen *Laub* dazu.
Da springe rein ich mit Anlaufen.
Was bin ich doch für ein Filou!

Die Blätter, frisch vom Baum gefallen,
sind bunt und herrlich trocken.
Ich lieb's, sie aus der Luft zu krallen,
weil sie dazu verlocken.

Mein Konkurrent ist stets der Wind,
der erst vom Baum sie pustet.
Er spielt mit ihnen wie ein Kind,
das vor Anstrengung hustet.

Er schnappt mir vor der Nase weg
die süßen, kleinen Raschel-Dinger.
Da frag' ich mich: „Hat das noch Zweck?"
Drum bleibe ich Laubhaufen-Springer!

Was Katzen denken

Die Katze und der Schneemann

Ein Schneemann ist ein kaltes Ding,
das sag' ich dir als Katze.
Ich weiß das, weil ich einen fing
und leckte mir die Tatze.

Ein dummer Kerl, dacht' ich mir noch,
der meine Beut' geworden.
Als ich biss in sein Fell ein Loch,
wollt' ich ihn nicht mehr morden.

Denn, was in meinem Maul ich fand,
war weder Pelz noch Feder.
Ich muss gestehn zu meiner Schand':
So'n Pech hat wohl nicht jeder.

Sein Fleisch zerfloss in meinem Mund
zu eisig kaltem Wasser.
Das Tier war wohl nicht ganz gesund
und wirkte deshalb blasser.

Schnell spuckt' ich aus das kalte Nass
und lief zurück ins Warme.
Schneemänner ich bis heute hass'.
Bedauerst du mich Arme?

Doch halt! Ich muss dir war gestehn:
Da gibt's ein weiches Plüschteil.
Du kannst mich damit schmusen sehn.
Ich schwör', DER Schneemann ist geil!

Katzen-Frühstücks-Routine

Es ist morgens um halb sieben,
Zeit um meinen Bauch zu füllen.
Wo ist mein Personal geblieben?
Muss ich nach ihm lauthals brüllen?

Hungrig steh' ich vor der Schale,
in der kein einz'ges Bröckchen mehr.
Ich sehe das zum x-ten Male
und mein Magen zwickt mich sehr.

Endlich höre ich Geräusche
und ein Poltern folgt dem nach.
Wenn ich mich nicht schrecklich täusche,
ist mein Diener endlich wach.

Leider braucht er gar zu lange,
bis er in die Küche tritt.
Mir wird schon beim Denken bange.
Bringt er mir mein Essen mit?

Stets mein Katzenherzchen lacht,
wenn er öffnet dann die Tür,
weiß, er hat an mich gedacht.
Dankbar bin ich ihm dafür.

In der einen Hand die Dose,
in der and'ren eine Gabel,
tritt er in der Unterhose
in den Flur, was recht blamabel.

Ich dagegen bin gestriegelt
vom Kopf bis Schwanzesspitze –
Charakter sich im Aussehn spiegelt.
Nein, ich mache keine Witze!

Um mein Futter zu bekommen,
drück' ich beide Augen zu.
Da ist jeder mir willkommen.
Hauptsache er bringt Ragout!

Freudig schlinge ich mein Fressen
hurtig rein in meinen Bauch,
schließlich darf man nie vergessen:
Füllen muss man diesen auch!

Cooles Fressen

Mein Fressen steht in einem Schrank,
der macht mein Fleisch ganz kalt.
Die meisten Katzen macht das krank,
doch so lieb' ich's halt.

Mein Personal, das wundert sich,
wie gerne ich Kaltes fresse.
Es scheint ihm gar zu erstaunlich,
warum ich so was esse.

Am Anfang hielt mein Personal
mir stets 'ne Litanei,
weshalb so manches Fleischesmahl
bei Wärme verdorben sei.

Es würde schlecht und damit dann
über etwas gehen.[1]
Ich glaub' nicht, dass es laufen kann.
Mein Fressen bleibt doch stehen.

Kein einzig' Bröckchen ist bis jetzt
mal aus dem Napf gekrochen.
Ich hab' sie alle bis zuletzt
höchsten mal ausgebrochen.

---

[1] schlecht werden / verderben

Normalerweise fress' ich sie,
um meinen Bauch zu füllen.
Doch hin und wieder müssen die
… Dinger sich zusammenknüllen.

Die Schuld daran trägt zumeist
ein ganz dicker, fetter Haarball.
Ich bin mir sicher, dass du weißt
wie Fell wird zum Brechfall.

Nun gut, wenn ich mich überfressen,
dann kommt das Spucken auch mal vor.
Mein Magen streikt vom vielen Essen
und macht dann auf das Eingangstor.

Doch niemals trägt an dem Geschehen
die Temperatur die Schuld.
Ich weiß, das kann kein Mensch verstehen.
Das ist ihm zu okkult.

Katzenphilosophie

Ich läge nur im Weg herum,
behaupten stets die Leute.
Doch, was ich mach' ist gar nicht dumm:
Ich such' nach *wahrer* Beute.

Es gibt ja für ein Katzentier
nichts Schöneres als dösen.
Dabei, oh Mensch, entspannen wir,
könn'n uns von allem lösen.

Wenn ich mein Bäuchlein gut gefüllt
– was soll ich and'res machen? –
wird in den Schlaf sich eingehüllt.
Warum muss ich denn wachen?

Verdauen braucht halt seine Zeit,
die ich dann ruhend nutze.
So bin ich bald zum Spiel bereit,
wonach ich mich dann putze.

Auch diese ruhige Tätigkeit
lässt allen Stress vergessen.
So bin im JETZT ich allezeit
und find' das angemessen.

Ein Schläfchen hier, ein Dösen da,
das ist ein herrlich' Leben!
Mein Futternapf ist immer nah.
Was sollt' ich mehr erstreben?

Katzenwolldecke

Ich sitze auf den Dielen
und starr' dich fragend an.
„Sag, Katze, willst du spielen?
Sag mir, wo denkst du dran!"

Oh, Mensch, frag' ich mich Katze,
wieso siehst du's nicht?
„Warum hebst du die Tatze?
Ist dir zu grell das Licht?"

Wann holst du dir die Decke,
die weich und anschmiegsam?
„Jetzt trifft mich aus der Ecke
dein Blick so unduldsam!"

Oh, Mensch, begreif' doch endlich,
was dir mein Körper sagt!
„Es ist mir unverständlich.
Was macht dich so verzagt?"

Nun greifst du nach der Decke,
weil dir geworden kalt,
da springe ich, die Kecke,
zu dir hinauf ganz bald.

Mit Treteln und auch Drehen
mach' ich es mir bequem.
Erst jetzt kannst du verstehen,
was für mich angenehm.

Dann schnurre ich zufrieden
uns beide in den Schlaf.
Obwohl wir so verschieden,
ruh'n wir zusammen brav.

Katzenwille

Kaum ist es dunkel, muss ich raus
zu einem Streifzug durch's Revier.
Manchmal fang' ich eine Maus.
Um neun komm' ich zurück zu dir.

Hast du mich erst ins Haus gelassen,
baue ich mich schon vor dir auf.
Jetzt muss du dich mit mir befassen.
Als Streichler hast du's wirklich drauf!

Anschließend brauch' ich einen Snack,
denn meist knurrt mir der Magen.
Fix aufgefressen, muss ich weg,
versuch' ich dir zu sagen.

Sehnsüchtig steh' ich an der Tür
und schaue in den Garten.
Kommst du herbei und öffnest mir,
entschließ' ich mich zu warten.

Ganz schnell verschwind' ich hinter'm Topf
der allergrößten Pflanze.
Was wär' ich für ein armer Tropf,
wenn nach deiner Pfeif' ich tanze!

Wo käm' ich denn als Katze hin,
würd' ich auf dich hören!
Verstecken macht da viel mehr Sinn,
das kann ich dir beschwören.

„Lun-chen, du **darfst** raus gehen!",
redet mir mein Streichler zu.
Ist von mir noch was zu sehen?
Ich tue so, als ob ich ruh'.

Dann öffnet Frau mir weit die Türe
und lockt mich glatt noch mal;
wonach ich mich dann doch noch rühre.
Was habe ich für eine Wahl?

Frische Luft umweht mein Näschen.
Und plötzlich hab' ich's eilig dann.
Ja, so ein kleines Dachhäschen
weiß immer, wie es herrschen kann.

Papiertiger

Ein Tiger bin ich, das ist klar,
der bändigt selbst die Schlangen,
drum feier' ich wie jedes Jahr,
wenn dieses bald vergangen.

Silvester nennen Menschen das,
wenn Papierschlangen fliegen.
Dann zünden an sie irgendwas
womit sie sich bekriegen.

Raketen heißen diese Dinger,
die pfeifen und laut knallen.
Ich teilte aus gern manchen Schwinger,
weil sie in meinen Ohren hallen.

Da lob ich mir die Ringelschnüre,
die leise und durch einen Hauch
und ohne jede Ouvertüre
sich öffnen wie es bei uns Brauch.

Die Kracher und die bunten Lichter
könnt ihr behalten, Menschenpack!
Vielleicht ging es bei euch auch schlichter,
kämt ihr auf den Papiergeschmack!

Katzenliebe

Komm her, geliebter Kater!
Ich hab' dich ja so gern.
Willst du denn nicht der Vater
von meinen Kindern wer'n?

Komm, lass dich einmal küssen
gleich mitten ins Gesicht.
Dass wir zwei schmusen müssen
verstehn die Menschen nicht.

Muss ich den roten Recken
heut' halten ziemlich fest,
will ich ihn nicht aufwecken,
in uns'rem Liebesnest.

Muss legen meine Pfoten
um Kopf und Nacken ich,
so ist's doch nicht verboten,
denn heute liebst du mich!

Bald wirst du weiterziehen,
lässt mich beglückt zurück.
Ja, Kater müssen fliehen
vor dem Familienglück.

Deine weichen Streichelhände

Ich weiß, dass deine Pfoten riesig sind.
Du aber nennst sie Hände.
Darin bargst du mich schon als Katzenkind;
gaben Sicherheit mir ohn' Ende:
deine weichen Streichelhände.

Deine Hände gleiten sanft und leicht
über mein seidiges Fell.
Bald haben sie jedes Haar erreicht,
finden stets meine Lieblingsstell':
deine weichen Streichelhände.

Auf meinem Köpfchen, zwischen den Ohren
kraulen mich deine Krallen.
Fingernägel nennst du sie unverfroren!
Ja, das lass' ich mir gefallen
von deinen weichen Streichelhänden.

Selbst meinen Schweif weißt du zu kosen,
umfasst du ihm mit deinen Zehn.
Du nennst sie Finger, die Felllosen,
weißt mit ihnen umzugehn:
an deinen weichen Streichelhänden.

Es gibt beim Ohr 'ne weiche Stelle,
dort streichelst du mich allzu gern.
Ich weiß, du willst auf alle Fälle
mein lautes Wohlfühlschnurren hör'n:
unter deinen weichen Streichelhänden.

Allein, was ich kann gar nicht leiden:
Fasst du meine Pfoten an.
Auch Bauch und Beine sollst du meiden!
Und an den Hals geh' auch nicht dran
mit deinen weichen Streichelhänden.

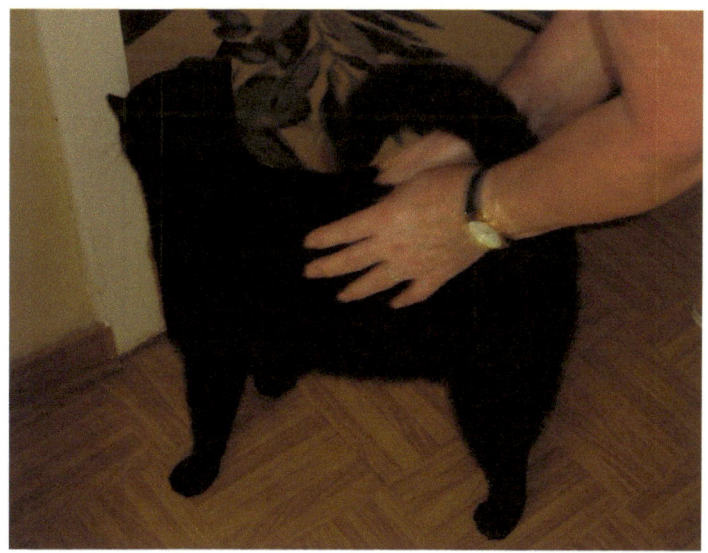

Schatten-Wesen

Die Sonne scheint zum Fenster rein.
Ich streichel dir dein Fell.
„Was mögen das für Wesen sein,
die sich bewegen schnell?

Wir werfen Schatten an die Wand,
während wir uns bewegen.
„Sie stammen wohl aus einem Land
in dem sie sich kaum regen. "

Ich sehe, wie es dich erschreckt,
was hinter uns passiert.
„Wo haben sie sich nur versteckt?
Vor lauter Furcht mich friert. "

Mein Kätzchen, wie nur soll ich dir
das Schattenspiel erklären?
„Vielleicht fasse ein Herz ich mir,
werd' mich als Held bewähren! "

Wo Licht ist, da ist auch Schatten,
das ist Gesetz in der Natur.
„Na wartet nur ihr platten Ratten!
Ich komm' euch schon noch auf die Spur! "

Fällt Helligkeit auf einen Leib,
so wirft er einen Schatten.
„Ich könnte euch zum Zeitvertreib
gleich mal im Spiel ermatten."

Was hast du vor, du kleiner Wicht,
dass du zur Jagd dich duckst?
„Ich zeig' es diesem Schatten-Licht:
Hier wird sich nicht gemuckst!"

Den Schatten fängst du niemals ein,
drum lass es lieber bleiben!
„Ich hau' die Krallen in ihn rein
und werd' ihn so vertreiben."

Schon stößt die Katze an der Wand
sich Pfoten und den Kopf.
„Jetzt ist er mir doch fortgerannt
der Schatten-Wesen-Tropf!"

Mein armes kleines Heldentier,
komm her und lass' dich trösten!
„Beim nächsten Mal da geb' ich's dir;
und dann werd' ich dich rösten!"

Die Katze und das Heupferd

Ich sitze auf der Wiese
und träume vor mich hin.
Sanft streichelt eine Brise
mich toughe Herrscherin.

Wie ich so meditiere,
springt mir was vor die Pfoten.
Doch eh' ich das kapiere,
ruft es: „Küssen verboten!"

Ich such' nach einem Frosch
im tiefen grünen Gras.
„Ach, halt' du doch die Gosch!
Das ist gewiss kein Spaß."

Denn was ich dort jetzt finde,
wird niemals ein echter Prinz.
Das sieht doch jeder Blinde:
ein Heupferd aus der Provinz!

„Komm, lass dich von mir fangen!",
sag ich und pfötel im Klee.
„Ich kann alles erlangen,
selbst schnelle Fische im See."

Doch, als ich nach ihm tatze,
da hüpft es rasch davon.
Ich fühle mich als Katze
betrogen um den Lohn.

Noch lang' sitz' ich im Gras
und starre vor mich hin.
Dass mir entschlüpft das *Aas*,
geht mir nicht aus dem Sinn.

Dann kommt mir der Gedanke:
„Warum sollt' es auch klappen?
Was bringt in meiner Pranke
der winzig kleine Happen?"

Facetten einer Katze

Ich lebe nun schon lange
in diesem tollen Haus.
Vorher war mir oft bange,
das heilte rasch hier aus.

Ich hatte viele Ängste,
die ich bald überwand.
Sie hatten wohl die längste
Zeit mich in der Hand.

Heut' bin ich ausgeglichen
und Königin daheim;
komm' kaum noch angeschlichen;
ich herrsche insgeheim.

Ist mir mein Personal
zu Diensten nicht sogleich,
versprüht mein Pipistrahl
Protest quer durch mein Reich.

Das Personal darf putzen –
es ist doch selber schuld!
Ich muss zurecht es stutzen,
eh' ich gewähre Huld.

Danach werd' ich zum Schmuser,
dem niemand widersteht.
Keiner wird hier zum Loser
wie ihr am Ende seht.

Mein erster Nachtausflug

Seit ich in diesem Haus hier wohne,
ist das die erste Draußennacht.
Es kümmert mich auch nicht die Bohne,
dass's Personal sich Sorgen macht.

Ganz frei durchstreif ich mein Revier,
besehe mir im Mondenschein,
was sonst am Tag gehört nur mir.
Kann Katzenleben schöner sein?

Ich schleiche auf gar manchem Pfade,
der mir so nicht erinnerlich.
Ich finde es so richtig schade,
dass dies das erste Mal für mich.

Ein Mäuschen springt mir vor die Pfoten,
das ich mir gerne einverleibe.
Was am Tag mir ist verboten,
ich in der Nacht so gerne treibe.

Wie anders sieht die Welt doch aus,
wenn sie so dunkel ist und still.
Ich lebe gern im großen Haus,
doch manchmal ich auch frei sein will.

Als mich nach Hause treibt der Hunger
und Sehnsucht nach 'nem ruhigem Schlaf,
fragt's Personal wo ich rumlunger
und ob ich auch gewesen brav.

Als Antwort streich' ich um die Beine
meiner besorgten Dienerin,
bin niedlich wie der Katzen keine.
„Sei froh, dass ich zuhause bin!"

Schlafenszeit

Die Katze schaut mit großen Augen
mich, die ich auf der Couch lieg', an.
Sie würd' mich gern heruntersaugen,
wüsst' sie, wie sie's erreichen kann.

„Es ist schon lange Schlafenszeit."
Das denkt sich jedenfalls die Katz'.
„Los, Mensch, steh' auf! Mach dich bereit!
Du springst jetzt auf mit einem Satz!"

Als Mensch seh' ich es gar nicht ein
dem Katzenwillen mich zu beugen.
Ich will doch nicht ihr Diener sein,
mag sie mich noch so streng beäugen.

Ganz riesig sind ihre Pupillen,
als hätte sie was Schlimmes vor.
Alarmglocken im Kopf mir schrillen.
Nach hinten legt sich jedes Ohr.

Ich frage mich: „Wird dieses Wesen
wohl tun, woran ich eben denke?"
Was aus der Haltung ich gelesen:
„Ich meinen Sprung gar trefflich lenke."

Als Mensch frag ich: „Was soll ich machen?
Geb' nach ich oder warte ab?"
Da öffnet sie den Raubtierrachen.
Zeigt sie mir, welche Chance ich hab'?

Die spitzen, messerscharfen Zähne,
sind sie der Warnung nicht genug?
Bin ich gar feig', wenn ich erwähne:
„Kündigt sie an mir ihren *Flug*?"

Dann spreizt sie auch noch ihre Pfoten,
damit ich ihre Krallen seh.
Heißt das nicht: „Vorsicht ist geboten!
Gleich ich dir an den Kragen geh!"

„Nun ja", denk ich, „es ist schon spät.
Ich wollte sowieso ins Bett."
Ich weiche der Brutalität
und spiele heute kein Roulette.

Als ich mich von der Couch erhebe,
wird aus dem Raubtier schnell ein Schmuser.
Den Wandel ich sehr gern erlebe,
doch bin dabei ich stets der Loser.

Dank

Ohne Dein an mich vererbtes Talent, lieber Papa, wäre mir das Malen mit Worten niemals so leichtgefallen.

Mama, Du hast in den langen Sturmfahrten stets an meiner Seite gestanden und oft das Steuer in die Hand genommen, wenn ich es nicht mehr konnte.

Schwesterherz, Du inspiriertest mich, die hier vorliegenden Lyrik-Sammlung zusammenzustellen. Zusätzlich machtest Du es möglich meine anspruchsvollen Fotowünsche umzusetzen. Sei für Deine Beharrlichkeit herzlich umarmt!

Uschi, Deine „Flügelworte" gaben mir den Mut auf dem Wind weiterzusegeln, ohne die Bodenhaftung zu verlieren.

Karin, immer wieder hast Du mich mit deiner Schreibfeder gepiekt und auf Deinen privaten Lesungen mit meiner Lyrik vor die furchterregende Menge gezerrt.

Yvonne, Deine Ruhe, Deine Geduld und Dein Zuspruch fegten meine Wolken der Frustration hinweg.

Minka, Sunny, Mucki, Puck, Tapps, Morchen, Kleckschen, Tippex, Hörnchen, Kira und vor allem Luna – die Hauptdarstellerin vieler „komprimierter Geschichten" in diesem Lyrikband: Euch allen sei für Eure Gesellschaft in meinem Leben gedankt.

Ich freue mich, dass ihr alle und diejenigen, welche ich hier nicht namentlich genannt habe, meinen Lebensweg gekreuzt, meine Begabung erkannt und gefördert habt.

Über die Autorin

Andrea Rohn lebt in einem kleinen Ort im Westerwald. Seit ihrer Kindheit schreibt sie Fantasy-Geschichten und Lyrik. Ihre Sensibilität half ihr bereits früh, sich in fremden Welten heimisch zu fühlen und Figuren mit Tiefgang und Wiedererkennungsfaktoren zu erschaffen. Speziell die Lyrik wurde für sie zu einem Ventil der Verarbeitung ihrer, mit den Jahren fortschreitenden, seltenen Erkrankung.

Einige ihrer Gedichte wurden in Anthologien veröffentlicht. Im Lyrik-Band „Es floss so flink aus meiner Feder" zeigt sie ihr breites Ideen-Spektrum. Mit dem Gedicht-Band „Weiches Fell mit klugem Köpfchen" stellt sie die vielen Facetten der Katzen in den Mittelpunkt.

In einem Roman-Zyklus über das Großkönigreich von *Glendalach* entführt sie in eine Welt voller Magie. Dennoch kämpfen ihre Protagonisten mit sehr menschlichen Problemen und Gefühlen.

Sie ist Mitglied der Autorenwerkstatt „Flügelwort" und eines privaten Frauen-Schreibkreises.

Zum Schluss sagen wir Models danke, dass Du uns gelauscht hast und entspannen nun vom anstrengenden Fotoshooting…

Bereits erschienen:

Der 17jährige Bastard Fanai
versteht die Welt nicht mehr.
Was ist mit seinem Vater,
dem Baron Dekert von
Karelien, los?
Hängt seine Veränderung
vom brutalen Schläger zum
Familienmenschen und
gerechten Herrscher mit
seinen zwei neuen Leibwächtern zusammen?
Ist einer von beiden ein Magier?
Wie kann sich Fanai, der uneheliche Sohn einer Heilerin,
vor seinen adligen Brüdern Drutmar und Ebermut
schützen? Werden sie ihn weiterhin missbrauchen? Oder
bahnt sich auch hier eine Wende durch den
undurchsichtigen Leibwächter Sir Rabanus an? Gibt es
einen Zusammenhang zwischen jenen seltsamen
Träumen und der Prophezeiung über die Götter? Ist Fanai
etwa selbst der dort verheißene Wanderer?

Bereits erschienen:

Fanai hat es unter Einsatz seines Lebens geschafft, Dilar in den Gott des Wassers zurück zu verwandeln.

Obwohl er seinen Halbbruder Ebermut nun nicht mehr fürchten muss, stellt sein sadistischer Bruder Drutmar eine nicht zu unterschätzende Gefahr dar.

Zusätzlich lockt der Gott des Feuers Fanai in einige Fallen.

Auch seine Beziehung zu Sir Rabanus ängstigt und verwirrt Fanai weiterhin.

Soll Fanai seinen Weg zu Ende gehen und trotz aller Widrigkeiten dafür sorgen, dass auch Catandra und Adalar in die Gottheiten der Erde und des Windes zurück verwandelt werden?

Bereits erschienen:

Dieses Buch erzählt
Geschichten in
verkürzter Form. Denn
Gedichte sind
komprimierte
Verserzählungen. Sie
nehmen mit auf Reisen
durch die Jahreszeiten
oder versetzen in
Weihnachtsstimmung.
Man lernt Tiere und

Pflanzen auf ganz neue Art kennen. Auch das Leben
selbst wird mal heiter, mal treffend, vor Augen geführt.
Es erschließen sich ungeahnte Wege und man steigt in
die Tiefen des Selbst hinab. Zum Schluss erfreuen
besondere Gedichtsformen wie Haiku oder Elfchen.

In Vorbereitung:

„Jarens verschlungene Pfade"

(Ein Mittelalter- Fantasy-Roman)